Les rois et une reine

du royaume Bamoun

Livre de coloriage ©

ISBN-13: 978-1-7773670-1-5

Première impression en 2021.

Vous pouvez nous écrire à Bamounicons@gmail.com

Ce livre

appartient à

_____

Bienvenue au livre de coloriage 'Les rois et une reine du royaume Bamoun', le premier d'une série de livres à coloriages qui célèbre l'histoire et la culture riches et dynamiques du royaume Bamoun (également orthographié Bamum, Bamoum, Bamun ou Mum) et de son peuple.

Datant du ^{XIIIe} siècle, le royaume des Bamoun est situé dans l'actuel Cameroun. Commençant avec le roi fondateur (connu sous le nom de "Fon ou Mfon"), descendant du peuple Tikar, la dynastie du roi Nchare Yen se poursuit jusqu'à nos jours.

Nous espérons que vous apprécierez ce livre à colorier qui célèbre une petite mais significative partie de la vaste et captivante histoire de l'Afrique. Nous vous encourageons en savoir plus sur Foumban, le peuple Bamoun et l'histoire de chaque roi Bamoun et de la reine Bamoun qui a régné pendant trente minutes !

Le Roi Ncharé Yen
1394-1418

Le Roi Ngoupou

1418-1461

Le Roi Monjou
1461-1498

Le Roi Mengap
1498-1513

Le Roi Ngouh I
1513-1544

Le Roi Fifen
1544-1568

Le Roi Ngouh II
1568-1590

Le Roi Ngapna
1590-1629

Le Roi Ngouloure
1629-1672

Le Roi Koutou
1672-1757

Le Roi Mbouombouo
1757-1814

Le Roi Ngbetnkom
1814-1817

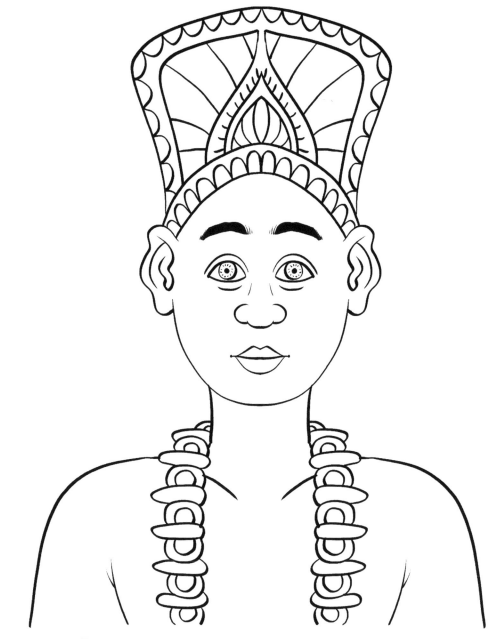

Le Roi Mbienkouo
1817-1818

Le Roi Ngouhouo

1818-1865

La Reine Ngoungoure
1865 pendant trente minutes

Le Roi Nsangou
1865-1889

Sultan Ibrahim Njoya
1889-1933

Sultan Al-Haji Seidou Njimoluh Njoya
1933-1992

Sa majesté El Hadj Ibrahim Mbombo Njoya, Sultan Roi des Bamoun.
1992 à ce jour

Le Palais royal de Foumban

Détruit par un incendie en 1910

Le Palais royal de Foumban
1917 à ce jour

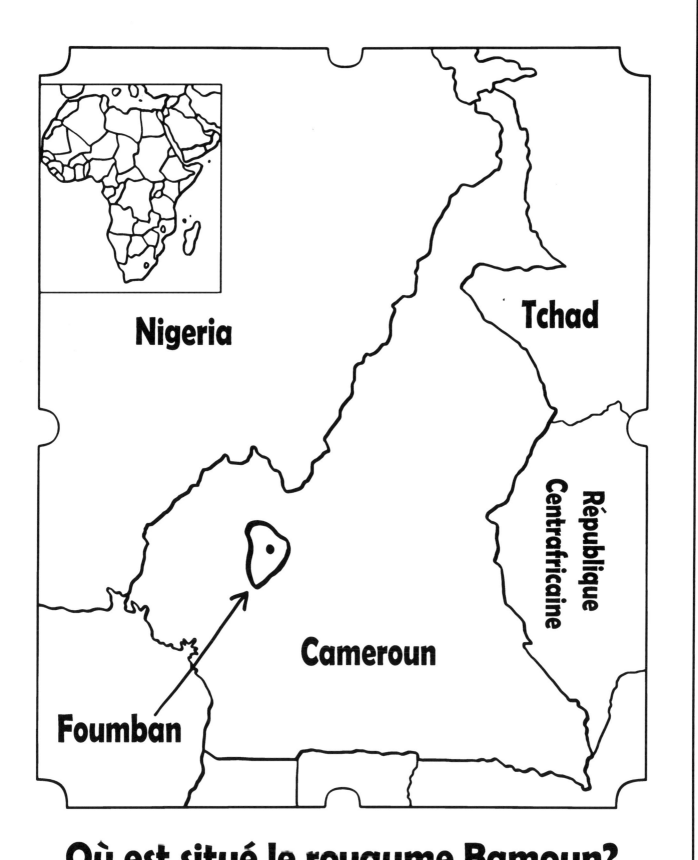

Où est situé le royaume Bamoun?

Les symbols du peuple Bamoun

Made in the USA
Columbia, SC
06 May 2021

37477044R00030